GUIDE-MANUEL

DU

GARDE CHAMPÊTRE

DANS L'EXERCICE DE SES FONCTIONS

D'OFFICIER DE POLICE JUDICIAIRE

PAR

Joseph BELHOMME

COMMISSAIRE DE POLICE

PARIS   LIMOGES

1, Place Saint-André-des-Arts | 46, Nouvelle route d'Aixe, 46

HENRI CHARLES-LAVAUZELLE

Éditeur militaire.

1895

GUIDE-MANUEL

DU

GARDE CHAMPÊTRE

GUIDE-MANUEL

DU

GARDE CHAMPÊTRE

DANS L'EXERCICE DE SES FONCTIONS

D'OFFICIER DE POLICE JUDICIAIRE

PAR

Joseph BELHOMME

COMMISSAIRE DE POLICE

PARIS | LIMOGES
11, Place Saint-André-des-Arts | 46, Nouvelle route d'Aixe, 46

Henri CHARLES-LAVAUZELLE

Éditeur militaire.

—

1895

GUIDE-MANUEL

DU

GARDE CHAMPÊTRE

DANS L'EXERCICE DE SES FONCTIONS

D'OFFICIER DE POLICE JUDICIAIRE

Nomination.

Les gardes champêtres ont été institués par la loi du 6 octobre 1791 pour rechercher et constater les délits commis contre les propriétés rurales.

Ils doivent être âgés de 25 ans accomplis, être de bonnes vie et mœurs et savoir lire et écrire.

Ils sont nommés par le maire et agréés et commissionnés par le sous-préfet ou par le préfet dans l'arrondissement du chef-lieu.

ARRÊTÉ POUR LA NOMINATION

Le maire de la commune de....,
Vu la loi du 5 avril 1884, article 102,

ARRÊTE :

Art. 1er. Le sieur....., âgé de....., est nommé garde champêtre de ladite commune.

Art. 2. La présente nomination sera soumise à l'agrément de M. le (*préfet ou sous-préfet*).

A....., le..... 189 .

AGRÉMENT

Le (*préfet ou sous-préfet*) de.....,

Vu la loi du 5 avril 1884 et la nomination faite par M. le maire de la commune de....., du sieur ....., comme garde champêtre de ladite commune,

DÉCIDE :

Le sieur..... est agréé en cette qualité.

Il prêtera serment devant M. le juge de paix du canton avant son entrée en fonctions.

A....., le..... 189 .

Avant d'agréer la nomination du garde champêtre, le sous-préfet ou le préfet peut prendre les renseignements qu'il juge utiles sur la personne présentée par le maire.

Lorsque le préfet ou le sous-préfet n'a pas fait connaître son agrément ou son refus d'agréer, le garde champêtre ne doit pas être considéré comme régulièrement investi de ses fonctions, une des conditions imposées par la loi n'ayant pas été remplie.

Prestation de serment.

Après l'agrément du préfet ou du sous-préfet et avant son entrée en fonctions, le candidat doit prêter le serment exigé par la loi du 26 septembre-6 octobre 1791, et qui est ainsi conçu :

« Je jure de veiller à la conservation des propriétés qui sont sous la foi publique et de toutes
celles dont la garde m'est confiée par ma nomination. »

Cette formalité a lieu à une audience devant
le juge de paix du canton, qui en donne acte sur
la nomination.

Le greffier de la justice de paix n'a pas droit
à une rémunération pour transcription de la
commission, mais seulement au remboursement
du timbre du répertoire, soit 25 centimes.

Suspension. — Révocation.

Le garde champêtre peut être suspendu par le
maire, mais la suspension ne peut durer plus
d'un mois. L'arrêté pris par le maire à ce sujet
ne peut être annulé par le préfet.

Le droit de révocation appartient au préfet
et, tant que l'emploi de garde n'a pas été régulièrement supprimé, la dépense de traitement est
obligatoire et le préfet peut en inscrire d'office la
dépense au budget.

Démission. — Retraite.

Le maire a le droit d'accepter la démission du
garde champêtre ; l'admission à la retraite appartient au préfet.

Traitement.

Le traitement des gardes champêtres est classé,
par les lois des 18 juillet 1837 et 5 avril 1884,
parmi les dépenses obligatoires de la commune,
et, si le conseil municipal refusait de voter cette

dépense, le préfet pourrait l'inscrire d'office au budget.

Si le traitement a été porté au budget, une délibération du conseil municipal qui supprimerait l'emploi n'aurait d'effet qu'après l'expiration de l'exercice [pour lequel le traitement aurait été voté. (Avis du Conseil d'Etat du 30 juillet 1884.)

Le minimum du traitement est ordinairement de 100 francs.

Insignes et devoirs des gardes champêtres.

(Lois des 20 septembre et 6 octobre 1791.)

Dans l'exercice de leurs fonctions, les gardes champêtres pourront porter toutes sortes d'armes qui seront jugées leur être nécessaires par le préfet. Ils auront sur le bras une plaque de métal ou d'étoffe où seront inscrits ces mots « LA LOI », le nom de la municipalité et celui du garde.

Ils feront, affirmeront et déposeront leurs rapports devant le juge de paix de leur canton ou l'un de ses suppléants, ou feront devant l'un ou l'autre leurs déclarations. Leurs rapports ou leurs déclarations, lorsqu'ils ne donneront lieu qu'à des réclamations pécuniaires, feront foi en justice pour tous les délits mentionnés dans la police rurale, sauf la preuve contraire.

Ils seront responsables des dommages dans le cas où ils négligeraient de faire, dans les vingt-quatre heures, les rapports des délits.

La poursuite des délits ruraux sera faite, au plus tard, dans le délai d'un mois, soit par les parties lésées, soit par le ministère public ; faute de quoi il n'y aura plus lieu à poursuite.

Des poursuites
contre les gardes champêtres.

Les gardes champêtres, commissionnés et assermentés, sont officiers de police judiciaire.

En conséquence, ils doivent être traduits devant la cour d'appel pour les crimes ou délits, entraînant des peines sévères, commis dans l'exercice de leurs fonctions ; ils sont poursuivis dans les formes prescrites par les articles 483 et suivants du Code d'instruction criminelle.

Les délits commis en dehors de l'exercice de leurs fonctions sont punis par les tribunaux ordinaires.

Rapports avec le commissaire de police.

Le commissaire de police peut requérir les gardes champêtres de son canton. Ces agents sont placés sous son autorité et doivent l'informer de tout ce qui intéresse la tranquillité publique.

Rapports avec la gendarmerie.

Les gardes champêtres des communes sont placés sous la surveillance des commandants de brigade de gendarmerie ; ces derniers inscrivent, sur le registre à ce destiné, les noms, l'âge et le domicile des gardes champêtres, avec des notes sur leur conduite et leur manière de servir.

Les officiers, sous-officiers et brigadiers de gendarmerie s'assurent, dans leurs tournées, si les gardes champêtres remplissent bien les fonctions dont ils sont chargés ; ils donnent connaissance aux préfets ou sous-préfets de ce qu'ils ont appris sur le zèle et la moralité de chacun d'eux. Dans les cas urgents, ou pour des objets importants, les sous-officiers et brigadiers de gendarmerie peuvent mettre en réquisition les gardes champêtres d'un canton, et les officiers ceux d'un arrondissement, soit pour les seconder dans l'exécution des ordres qu'ils ont reçus, soit pour le maintien de l'ordre et de la tranquillité publique ; mais ils sont tenus de donner avis de cette réquisition aux maires et aux sous-préfets et de leur en faire connaître les motifs généraux.

Les officiers, sous-officiers et brigadiers de gendarmerie adressent au besoin aux maires, pour être remis aux gardes champêtres, le signalement des individus qu'ils ont l'ordre d'arrêter.

Les gardes champêtres sont tenus d'informer les maires, et ceux-ci les officiers ou sous-officiers de gendarmerie, de tout ce qu'ils découvrent de contraire au maintien de l'ordre et de la tranquillité publique ; ils leurs donnent avis de tous les délits qui ont été commis sur leurs territoires respectifs.

Attributions judiciaires des gardes champêtres.

Les gardes champêtres, considérés comme officiers de police judiciaire, sont chargés de rechercher, chacun dans le territoire pour lequel il aura été assermenté, les délits et les contraventions qui auront porté atteinte aux propriétés rurales.

Ils dresseront des procès-verbaux à l'effet de constater la nature, les circonstances, le temps, le lieu des délits et contraventions, ainsi que les preuves et les indices qu'ils auront pu en recueillir.

Ils suivront les choses enlevées dans les lieux où elles auront été transportées et les mettront en séquestre; ils ne pourront néanmoins s'introduire dans les maisons, ateliers, bâtiments, cours adjacentes et enclos, si ce n'est en présence soit du juge de paix, soit de son suppléant, soit du commissaire de police, soit du maire du lieu, soit de son adjoint, et le procès-verbal qui devra en être dressé sera signé par celui en présence duquel il aura été fait.

Ils arrêteront et conduiront devant le juge de paix ou devant le maire tout individu qu'ils auront surpris en flagrant délit (1) ou qui sera dénoncé par la clameur publique (2), lorsque ce délit emportera la peine d'emprisonnement ou une peine plus grave.

Ils se feront donner, à cet effet, main-forte par le maire, ou par l'adjoint du maire, qui ne pourra s'y refuser. (C. Instr. cr., art. 16.)

Les gardes champêtres sont, comme officiers de police judiciaire, sous la surveillance du procureur de la République, sans préjudice de leur subordination à l'égard de leurs supérieurs dans l'administration. (C. Instr. cr., art. 17.)

Les procès-verbaux seront, lorsqu'il s'agira

(1) Un délit est flagrant au moment où il se commet ou au moment où il vient d'être commis, et lorsque le prévenu est poursuivi par la clameur publique.

(2) « Clameur publique » veut dire » : accusé par le peuple d'être l'auteur d'un crime ou d'un délit qui vient d'être commis.

de simples contraventions, remis par les gardes champêtres, dans les trois jours au plus tard, y compris celui où ils ont reconnu le fait sur lequel ils ont procédé, au commissaire de police de la commune chef-lieu de la justice de paix, ou au maire dans les communes ou il n'y a pas de commissaire de police ; et, lorsqu'il s'agira d'un délit de nature à mériter une peine correctionnelle, la remise sera faite au procureur de la République. (C. Instr. cr., art. 20.)

Comme les juges de paix, les maires, leurs adjoints et les commissaires de police, les gardes champêtres sont officiers de police judiciaire, mais il y a cette différence avec eux qu'ils ne sont pas auxiliaires du procureur de la République.

Police municipale.

En dehors de leurs fonctions relatives à la police rurale, les gardes champêtres sont chargés de rechercher, chacun dans le territoire pour lequel il est assermenté, les contraventions aux règlements et arrêtés de police municipale. Ils dressent des procès-verbaux pour constater ces contraventions. (Loi du 5 avril 1884, art. 102.)

Délits ruraux.

Les délits ruraux que les gardes champêtres doivent constater sont les suivants :

Abandon d'animaux et de volailles dans les champs ; feux allumés dans les champs ; défaut d'enfouissement d'animaux morts ; glanage ; râtelage ; grappillage ; vaine pâture ; maladies épizootiques; bestiaux dans les champs d'autrui; pacage des bestiaux sur le terrain d'autrui; passage de bestiaux sur le terrain d'autrui; garde à vue des bestiaux; passage d'homme sur le terrain d'autrui; blessures faites aux animaux; enlèvement des fumiers; maraudage; enlèvement de gazons; dégradation des chemins publics; divagation d'animaux malfaisants ou féroces; échenillage, abatage et mutilation d'arbres; déplacement ou enlèvement de bornes; coupe de grains en vert; abandon de coutres de charrue; comblement des fossés; destruction des haies; destruction d'instruments d'agriculture; inondation de propriétés; passage en cas d'impraticabilité de chemins.

(On trouvera plus loin tous ces titres par ordre alphabétique avec quelques détails.)

Délits spécïaux.

Diverses lois ont attribué aux gardes champêtres le droit de verbaliser en ce qui concerne : la police de la chasse (1) (Loi du 3 mai 1844; ordonn. du 5 mai 1845); la police de la pêche fluviale (1) (Loi du 15 avril 1829); l'ivresse publique (1) (Loi du 23 janvier 1873); le colportage frauduleux des tabacs et cartes à jouer (Loi du 28 avril 1816); la circulation des voitures publiques (Ordonn. du 16 juillet 1828).

---

(1) On trouvera ces lois, en petites brochures, à la librairie H. Charles-Lavauzelle, à Paris, aux prix de : *Loi sur l'ivresse*, 0 fr. 25; *Loi sur la chasse*, 0 fr. 30; *Loi sur la pêche fluviale*, 0 fr. 50; *Loi sur la police du roulage*, 0 fr. 30.

Primes.

Les gardes champêtres ont droit à la prime pour les constatations suivantes :

Délits de chasse, 10 francs ;

Contraventions à la police du roulage, 1 fr. 25 par amende recouvrée ;

Pour l'arrestation d'un colporteur ou vendeur de tabac en fraude, 15 francs.

La loi du 7 avril 1813 alloue aux gardes champêtres :

Pour capture ou saisie de la personne en exécution d'un jugement de simple police, 3 francs ;

Pour capture en exécution d'un mandat d'arrêt ou d'un jugement en matière correctionnelle emportant peine d'emprisonnement, 12 francs ;

Pour capture en exécution d'une ordonnance de prise de corps ou arrêt portant la peine de la réclusion, 15 francs ;

Pour capture en exécution d'un arrêt de condamnation aux travaux forcés ou à une peine plus forte, 20 francs.

La capture d'un déserteur donne droit à une prime de 25 francs.

Frais de justice.

Les gardes champêtres qui conduisent des personnes arrêtées par eux devant l'autorité compétente n'ont pas droit aux frais de voyage ; mais, lorsqu'ils sont appelés en justice comme témoins, ils ont droit aux mêmes taxes que les témoins ordinaires.

Des procès-verbaux.

Il n'y a pas de formule spéciale pour rédiger les procès-verbaux, mais ils doivent contenir :

L'indication en lettres des jours, mois, an et heure ;
Le nom et les prénoms du garde champêtre ;
La mention qu'il est assermenté ;
La mention qu'il est revêtu du signe de ses fonctions ;
Le lieu du délit ;
La relation exacte des circonstances ;
Les nom, prénoms, âge, profession et domicile du délinquant ;
Les nom, profession et demeure des témoins ;
L'interpellation faite au délinquant ;
La réponse du délinquant ;
La clôture du procès-verbal ;
La signature du procès-verbal.

Lorsque les gardes champêtres ne sont pas assez lettrés pour rédiger un procès-verbal, ils sont tenus de se faire suppléer par un des fonctionnaires ci-après :

Juge de paix du canton ;
Maire ou adjoint de la commune ;
Commissaire de police ;
Greffier du juge de paix.

Le procès-verbal qui est écrit par l'un des fonctionnaires ci-dessus et signé par le garde champêtre doit en faire mention, à peine de nullité.

Affirmation.

Les gardes champêtres doivent affirmer, dans les vingt-quatre heures, la sincérité de leurs procès-verbaux devant le juge de paix du canton ou devant le maire ou l'adjoint de la commune.

L'affirmation doit contenir :

La date des jour, mois et an ;

La présentation du procès-verbal par le rédacteur ;

La qualité et résidence de l'officier public qui a reçu l'affirmation et la déclaration sous serment qu'il contient la vérité.

MODÈLE D'AFFIRMATION

L'an mil huit cent....., le....., devant nous ...., s'est présenté le sieur....., garde champêtre de la commune de....., qui nous a remis le présent procès-verbal.

Après lui en avoir donné lecture, il a affirmé le contenu sincère et véritable sous la foi du serment.

(Signature du garde champêtre.)   *(Signature du juge de paix ou du maire.)*

Enregistrement des procès-verbaux.

Les procès-verbaux dressés par les gardes champêtres doivent être enregistrés en débet dans les quatre jours à partir de leur date. En matière de roulage, le délai est de trois jours.

Dans le cas où ils ne pourraient faire enregistrer eux-mêmes les procès-verbaux, ils les adresseront en temps voulu, soit au juge de paix, soit au commissaire de police ou maire faisant fonctions de ministère public.

Responsabilité.

Les gardes champêtres sont responsables des dommages dans le cas où ils négligent de faire dans les vingt-quatre heures les rapports des délits. Mais n'est pas nul le procès-verbal dressé plus de vingt-quatre heures après la perpétration du délit ou de la contravention.

MODÈLE DE PROCÈS-VERBAL

DÉPARTEMENT
d
—
CANTON
d
—
COMMUNE
d

PROCÈS-VERBAL

Constatant le défaut d'enfouissement d'un animal mort par le nommé....., demeurant à.....

L'an mil huit cent....., le.. ... à..... heures d.....

Nous....., garde champêtre de la commune d....., dûment assermenté et porteur de la plaque signe caractéristique de nos fonctions,

Etant en tournée dans le village de....., dépendant de ladite commune avons senti des émanations fétides qui signalaient l'existence de la chair en putréfaction et avons reconnu qu'un chien mort depuis quelque temps gisait près du chemin allant de..... à.....

Ayant appris par les nommés X*** et V***, cultivateurs, demeurant tous les deux audit village de....., que ce chien avait appartenu au sieur....., âgé de....., propriétaire au même lieu, nous sommes présenté chez ledit sieur......, qui, sur notre interpellation, nous a déclaré............................. ....

Garde champêtre   1..

Attendu que le fait ci-dessus constitue une contravention à l'article 13 du titre 2 de la loi du 6 octobre 1791, nous avons sommé le sieur..... de faire enfouir de suite cet animal et lui avons déclaré que nous dresserions contre lui le présent procès-verbal.

Fait et clos à....., les jour, mois et an que dessus.

(Signature.)

(Faire suivre l'affirmation.)

DÉPARTEMENT

d

—

CANTON

d

—

COMMUNE

d

Mise en fourrière.

L'an mil huit cent...., le....., à..... heure..... d.....;

Nous....., garde champêtre de la commune de....., dûment assermenté et portant le signe caractéristique de nos fonctions, faisant notre tournée ordinaire, avons aperçu..... bêtes à cornes qui pacageaient sur la propriété du sieur...., non soumise au parcours et semée de .....

N'ayant pas aperçu de gardien, nous avons rassemblé ces animaux, que nous avons conduits à M. le maire de la commune pour qu'il avise à les faire mettre en fourrière jusqu'à ce qu'ils soient réclamés.

De tout quoi nous avons dressé le présent procès-verbal que nous avons clos les jour, mois et an que dessus.

(Signature.)

(Affirmation.)

Pouvoirs des gardes champêtres.

Un garde champêtre ne peut constater les contraventions que sur le territoire de la commune pour laquelle il a été commissionné.

Nomenclature
des principaux délits ruraux.

Abandon de volailles (Loi du 4 avril 1889). — Celui dont les volailles passent sur la propriété voisine et y causent des dommages est tenu de réparer ces dommages. Celui qui les a soufferts peut même tuer les volailles, mais seulement sur le lieu, au moment du dégât et sans pouvoir se les approprier.

Les volailles et autres animaux de basse-cour qui s'enfuient dans les propriétés ne cessent pas d'appartenir à leur maître, quoiqu'il les ait perdus de vue. Néanmoins, celui-ci ne pourra plus les réclamer un mois après la déclaration qui devra être faite à la mairie par les personnes chez lesquelles ces animaux se seront enfuis.

Abandon de bestiaux (Loi du 4 avril 1889). — Lorsque des animaux non gardés ou dont le gardien est inconnu ont causé du dommage, le propriétaire lésé a le droit de les conduire sans retard au lieu de dépôt désigné par le maire, qui, s'il connaît la personne responsable du dommage aux termes de l'article 1385 du Code civil, lui en donnera immédiatement avis. Si les animaux ne sont pas réclamés et si le dommage n'est pas payé dans la huitaine du jour où il aura été commis, il est procédé à la vente sur ordonnance du juge de paix, qui évalue les dommages.

Cette ordonnance sera affichée sur papier li-
bre et sans frais à la porte de la mairie. Le
montant des frais et des dommages sera prélevé
sur le produit de la vente.

En ce qui concerne la fixation du dommage,
l'ordonnance ne deviendra définitive, à l'égard du
propriétaire de l'animal, que s'il n'a pas formé
opposition sur un simple avertissement dans la
huitaine de la vente.

Cette opposition sera même recevable après délai de huitaine, si le juge de paix reconnaît qu'il
y a lieu, en raison des circonstances, de relever
l'opposant de la rigueur du délai.

Nota. — Pour ces deux délits, c'est à la partie
lésée qu'appartient la poursuite. Le garde champêtre n'a donc qu'à constater le fait en cas de réquisition.

Animaux morts (défaut d'enfouissement). —
Les animaux morts doivent être enfouis dans la
journée, à 4 pieds de profondeur (1^m,33), par le
propriétaire et dans son terrain. ou voiturés à
l'endroit désigné par la municipalité pour y être
également enfouis, sous peine par le délinquant
de payer une amende de la valeur d'une journée
de travail et les frais de transport et d'enfouissement. (C. R., art. 13.)

Animaux (Blessures volontaires faites aux).
— Toute personne convaincue d'avoir de dessein
prémédité et méchamment, sur le territoire d'autrui, blessé ou tué des bestiaux ou chiens de
garde, sera condamnée à une amende double de
la somme du dédommagement. Le délinquant
pourra être détenu un mois si l'animal n'a été
que blessé, six mois si l'animal est mort de sa

blessure ou en est resté estropié ; la détention pourra être du double si le délit a été commis, la nuit, dans une étable ou dans un enclos rural. (C. R., art. 30.)

Animaux (Mort ou blessures involontaires faites aux). — Seront punis d'une amende de 11 à 15 francs inclusivement ceux qui auront occasionné la mort ou la blessure des animaux ou bestiaux appartenant à autrui par l'effet de la divagation des fous ou furieux, ou d'animaux malfaisants ou féroces, ou par la rapidité, ou la mauvaise direction, ou le chargement excessif des voitures, chevaux, bêtes de trait ou de charge ou de monture. (C. P., art. 479, n° 2.)

Arbres (Abatage et mutilation d'). — Quiconque aura abattu un ou plusieurs arbres qu'il savait appartenir à autrui sera puni d'un emprisonnement qui ne sera pas au-dessous de six jours ni au-dessus de six mois, à raison de chaque arbre, sans que la totalité puisse excéder cinq ans. Les peines seront les mêmes à raison de chaque arbre mutilé, coupé ou écorcé de manière à le faire périr.

Le minimum de la peine sera de vingt jours si les arbres étaient plantés sur les places, routes, chemins, rues ou voies publiques ou vicinales ou de traverse, (C. P., art. 445, 446, 448.)

Bornes (Enlèvement ou déplacement de). — Quiconque aura en tout ou en partie comblé des fossés, détruit des clôtures, de quelques matériaux qu'elles soient faites, coupé ou arraché des haies vives ou sèches ; quiconque aura déplacé ou supprimé des bornes ou pieds corniers ou autres arbres plantés ou reconnus pour établir les limites entre différents héritages, sera puni d'un emprisonnement qui ne pourra être au-dessous d'un mois ni excéder une année, et d'une amende égale au quart des restitutions et des dommages-intérêts, et qui, dans aucun cas, ne pourra être au-dessous de 50 francs. (C. P., art. 456.)

Chemins publics (Dégradation de). — Seront punis d'une amende de 11 à 15 francs inclusivement ceux qui auront dégradé ou détérioré, de quelque manière que ce soit, les chemins publics, ou occupé sur leur largeur. (C. P., art. 479, n° 11.)

Coupe des grains en vert. — Quiconque aura coupé du grain en vert qu'il savait appartenir à autrui sera puni d'un emprisonnement de vingt jours au moins et de quatre mois au plus. Le coupable sera puni du maximun de la peine si le fait a été commis la nuit. (C. P., art. 450.) La coupe de fourrage est punie d'un emprisonnement de six jours à deux mois.

Coutres de charrue. — Le fait de laisser des coutres de charrue dans les champs est puni d'une amende de 1 à 5 francs. (C. P., art. 471, n° 7.) — Le garde champêtre doit dresser procès-verbal et saisir l'objet abandonné. L'inculpé est traduit devant le tribunal de simple police, et l'objet est confisqué, conformément à l'article 472 du Code pénal.

Divagation des animaux malfaisants. — Ceux qui auront laissé divaguer des animaux malfaisants ou féroces, ceux qui auront excité ou n'auront pas retenu leurs chiens lorsqu'ils attaquent les passants, quand même il n'en serait résulté aucun mal ni dommage, seront punis d'une amende depuis 6 francs jusqu'à 10 francs inclusivement. (C. P., art. 475, n° 7.)

Plusieurs arrêts de la Cour de cassation ont décidé que les porcs et les oies ne sont pas considérés comme animaux malfaisants ; leur divagation ne constitue une contravention que si elle est interdite par un arrêté.

Echenillage des arbres. — L'autorité administrative peut prescrire aux propriétaires, fermiers, locataires ou autres, faisant valoir leurs propres héritages ou ceux d'autrui, d'écheniller ou de faire écheniller.

Ceux qui ne se conformeraient pas aux arrêtés pris en cette matière seraient poursuivis conformément à l'article 471, n° 8, du Code pénal et passibles d'une amende de 1 à 5 francs.

L'échenillage n'est pas obligatoire si aucun arrêté n'a été pris à ce sujet.

Enlèvement d'engrais dans les champs. — Celui qui, sans la permission du propriétaire, enlèvera des fumiers, de la marne ou tous autres engrais portés sur les terres, sera condamné à une amende qui n'excédera pas la valeur de six journées de travail ; outre le dédommagement, il pourra encore être condamné à la détention de police municipale.

L'amende sera de douze journées et la détention pourra être de trois mois si le délinquant a fait tourner à son profit lesdits engrais (C. R., art. 33.)

Feux allumés dans les champs. — Toute personne qui aura allumé du feu dans les champs plus près que de 50 toises des maisons, bois, vergers, bruyères, haies, meules de grains, de paille ou de foin, sera condamnée à une amende égale à la valeur de douze journées de travail et paiera, en outre, le dommage que le feu aura occasionné. Le délinquant pourra, de plus, suivant les circonstances, être condamné à la détention de police municipale. (C. R., art. 10.)

Ces faits constituent des imprudences qui peuvent avoir de graves conséquences ; aussi la loi punit-elle sévèrement le délinquant.

Fossés (Comblement des). — (V. *Bornes.*)

Garde à vue des bestiaux. — Quiconque sera trouvé gardant à vue ses bestiaux dans les récoltes d'autrui sera condamné, outre le paiement du dommage, à une amende égale à la somme du dédommagement, et pourra l'être, suivant les circonstances, à une détention qui n'excédera pas une année. (C. R., art. 26.)

L'intention malveillante du gardien mérite une répression exemplaire ; aussi la loi le poursuit-elle en police correctionnelle.

Gazons (Enlèvement de). — (V. *Chemins.*)

Glanage, Râtelage, Grappillage. — Les glaneurs, râteleurs et grappilleurs, dans les lieux où les usages de glaner, de râteler ou de grappiller sont reçus, n'entreront dans les champs, prés et vignes récoltés ou ouverts, qu'après l'enlèvement entier des fruits. En cas de contravention, les produits du glanage, du râtelage et du grappillage seront confisqués, et, suivant les circonstances, il pourra y avoir lieu à la détention de police municipale. Le glanage, le râtelage et le grappillage sont interdits dans tout enclos rural. (C. R., art. 21.)

Les pénalités de cet article ne s'appliquent qu'au glanage, râtelage et grappillage dans un enclos rural. Les autres infractions sont passibles des peines édictées par l'article 471, n° 10, du Code pénal.

On appelle *glaner* le fait de ramasser dans les champs appartenant à autrui les épis oubliés par les moissonneurs, après enlèvement de la récolte.

Le *grappillage* consiste à cueillir dans les vignes les raisins qui ont été laissés après la vendange.

Le *râtelage* consiste à ramasser avec un râteau les foins abandonnés dans les prés après la récolte.

Haies (Destruction des). — Il est défendu à toute personne de dégrader les clôtures, de couper des branches de haies vives, d'enlever des bois secs des haies, sous peine d'une amende de la valeur de trois journées de travail. Le dédommagement sera payé au propriétaire et, suivant la gravité des circonstances, la détention pourra avoir lieu, au plus un mois. (C. R., art. 17.)

Instruments d'agriculture (Destruction d'). — Ce fait est puni par l'article 451 du Code pénal, ainsi conçu :

« Toute rupture, toute destruction d'instruments d'agriculture, de parcs de bestiaux, de cabanes de gardiens, sera punie d'un emprisonnement d'un mois au moins, d'un an au plus. »

Inondation de propriétés. — Personne ne pourra inonder l'héritage de son voisin, ni lui transmettre volontairement les eaux d'une manière nuisible, sous peine de payer le dommage et une amende qui ne pourra excéder la somme du dédommagement. (C. R., art. 15.)

Maladies épizootiques. — Un troupeau atteint de maladie contagieuse, qui sera rencontré au pâturage sur des terres du parcours ou de la vaine pâture autres que celles qui auraient été désignées pour lui seul, pourra être saisi par le garde champêtre et même par toute personne ; il sera ensuite mené au lieu de dépôt, qui sera indiqué à cet effet par la municipalité.

Le maitre de ce troupeau sera condamné à une amende de la valeur d'une journée de travail par tête de bête à laine, et à une amende triple par tête d'autre bétail. Il pourra, en outre, suivant la gravité des circonstances, être responsable du dommage que son troupeau aurait occasionné, sans que cette responsabilité puisse s'étendre au delà des limites de la municipalité. (C. R., art. 23.)

Maraudage. — Ceux qui dérobent, sans aucune des circonstances prévues en l'article 388 du Code pénal, des récoltes ou autres productions utiles à la terre qui, avant d'être soustraites, n'étaient pas encore détachées du sol, sont punis d'amende depuis 6 francs jusqu'à 10 francs inclusivement. (C. P., art. 475, n° 15.)

La contravention de maraudage est transformée en délit correctionnel :

1° Lorsque le vol a été commis la nuit ;

2° S'il a été commis par deux ou plusieurs personnes ;

3° S'il a été commis à l'aide de sacs ou paniers ;

4° S'il a été commis à l'aide de voitures ou de bêtes de charge.

Il ne faut pas confondre le maraudage avec le fait de cueillir et manger sur place des fruits appartenant à autrui. Cette contravention est prévue par l'article 479, n° 9, et punie d'une amende de 1 à 5 francs.

Pacage des bestiaux : 1° Pacage des chèvres. — Dans les lieux qui ne sont sujets ni au parcours, ni à la vaine pâture, pour toute chèvre qui sera trouvée sur l'héritage d'autrui contre le gré du proprietaire de l'héritage, il sera payé une amende de la valeur d'une journée de travail par le propriétaire de la chèvre. Dans les pays de parcours ou de vaine pâture où les chèvres ne sont pas rassemblées et conduites en troupeau commun, celui qui aura des animaux de cette espèce ne pourra les mener aux champs qu'attachés, sous peine d'une amende de la valeur d'une journée de travail par tête d'animal. En quelque circonstance que ce soit, lorsqu'elles auront fait du dommage aux arbres fruitiers ou autres, haies, vignes, jardins, l'amende sera double, sans préjudice du dédommagement dû au propriétaire. (C. R., art. 18.)

2° Pacage après la moisson dans les deux jours de la récolte. — Dans les lieux de parcours ou de vaine pâture, comme dans ceux où ces usages ne sont point établis, les pâtres et les bergers ne pourront mener les troupeaux de toute espèce dans les champs moissonnés et ouverts que deux jours après la récolte entière, sous peine d'une amende de la valeur d'une journée de travail. L'amende sera double si les bestiaux d'autrui ont pénétré dans un enclos rural. (C. R., art. 22.)

3° *Pacage sur le terrain d'autrui.* — Il est défendu de mener sur le terrain d'autrui des bestiaux d'aucune espèce, et, en aucun temps, dans les prairies artificielles, dans les vignes, oseraies, dans les plants de câpriers, dans ceux d'oliviers, de mûriers, de grenadiers, d'orangers et arbres du même genre, dans tous les plants et pépinières d'arbres fruitiers et autres faits de main d'homme.

L'amende encourue par ce délit sera une somme égale à la valeur du dédommagement dû au propriétaire.

L'amende sera double si le dommage a été fait dans un enclos rural ; et, suivant les circonstances, il pourra y avoir lieu à la détention de police municipale. (C. R., art. 24.)

4° *Pacage des bestiaux revenant des foires.* — Les conducteurs de bestiaux revenant des foires ou les menant d'un lieu à un autre, même dans les pays de parcours ou de vaine pâture, ne pourront les laisser pacager sur les terres des particuliers ni sur les communaux, sous peine d'une amende de la valeur de deux journées de travail, outre le dédommagement.

L'amende sera égale à la somme du dédommagement si le dommage est fait sur un terrain ensemencé ou qui n'a pas été dépouillé des récoltes, ou dans un enclos rural.

A défaut de paiement, les bestiaux pourront être saisis et vendus jusqu'à concurrence de ce qui sera dû pour l'indemnité, l'amende et autres frais relatifs ; il pourra même y avoir lieu, envers les conducteurs, à la détention de police municipale suivant les circonstances. (C. R., art. 25.)

Parcours. — On entend par parcours la servitude réciproque de commune à commune.

Passage d'homme sur un terrain préparé ou ensemencé. — Seront punis d'amende, depuis 1 franc jusqu'à 5 francs inclusivement, ceux qui, n'étant ni propriétaires ni usufruitiers, ni locataires. ni fermiers, ni jouissant d'un terrain ou d'un droit de passage, ou qui n'étant agents ni préposés d'aucune de ces personnes, seront entrés ou auront passé sur le terrain ou sur une partie de terrain, s'il est préparé ou ensemencé. (C.P., art. 471, nᵒ 13.)

Pour constituer la contravention, il faut que les trois conditions ci-après soient remplies :

1ᵒ Qu'il y ait entrée et passage sur un terrain ;

2ᵒ Que le passage ait été effectué sans permission ;

3ᵒ Que le terrain soit préparé ou ensemencé.

Les prairies naturelles sont considérées comme des terrains préparés ou ensemencés. Quand même le délinquant n'aurait commis aucun dommage, l'infraction existe, mais le fait de passer sur un terrain qui n'est ni préparé ni ensemencé ne peut donner lieu qu'à des dommages-intérêts.

Passage de bestiaux sur un terrain ensemencé. — Seront punis d'amende, depuis 6 francs jusqu'à 10 francs inclusivement, ceux qui auraient fait ou laissé passer des bestiaux, animaux de trait, de charge ou de monture sur le terrain d'autrui, ensemencé ou chargé d'une récolte, en quelque saison que ce soit, ou dans un taillis appartenant à autrui. (C. P., art. 475, nᵒ 10.)

Passage de bestiaux avant l'enlèvement de la récolte. — Ceux qui laissent passer leurs bestiaux ou leurs bêtes de trait, de charge ou de monture sur le terrain d'autrui avant l'enlèvement de la récolte sont punis d'amende depuis 1 franc jusqu'à 5 francs inclusivement. (C. P., art. 471, n° 14.)

Cette contravention est constituée par le simple fait de passage des bestiaux.

Le fait de faire passer un troupeau de moutons sur une prairie naturelle, même après l'enlèvement de la récolte, constitue une contravention, mais elle ne peut être relevée qu'autant qu'on peut imputer le fait à la négligence du maître ou du gardien.

Passage en cas d'impraticabilité de chemin. — Tout voyageur qui déclora un champ pour se faire un passage dans sa route paiera le dommage fait au propriétaire et, de plus, une amende de la valeur de trois journées de travail, à moins que le juge de paix du canton ne décide que le chemin était impraticable, et alors les dommages et les frais de clôture seront' à la charge de la communauté. (C. R., art. 41.)

Il résulte de cet article que le fait de passer sur un champ voisin lorsque le chemin est impraticable ne constitue pas une contravention. (C. C., 12 novembre 1846.)

Vaine pâture. — On entend par vaine pâture un terrain inculte dont le pâturage est commun aux habitants d'une commune, d'un village ou d'une section de commune. (V. les lois des 9 juillet 1889, 22 juin 1890, et l'instr. du 5 août 1890.)

Loi relative à la répression des délits ruraux.

(23 thermidor an IV - 10 août 1796.)

« Art. 2. La peine d'une amende de la valeur d'une journée de travail ou d'un jour d'empri-sonnement, fixée comme la moindre par l'article 606 du Code des délits et des peines, ne pourra, pour tout délit rural, être au-dessous de trois journées de travail ou de trois jours d'emprison-nement. »

Fourrière.

C'est le lieu déterminé par l'autorité munici-pale pour recevoir en séquestre les animaux saisis en délit ou trouvés sur la voie publique.

Toute partie lésée a le droit de saisir les ani-maux, à condition de les mettre en fourrière dans les vingt-quatre heures.

Le gardien de la fourrière reçoit les animaux sur le réquisitoire du maire, les nourrit et les entretient pendant huit jours, s'ils ne sont pas réclamés par le propriétaire.

Si la mainlevée provisoire est ordonnée, les animaux sont restitués à leur propriétaire, qui paie les frais. Dans le cas contraire, ils sont mis en vente et les frais de fourrière sont prélevés sur le prix de la vente de préférence à tous autres.

La vente est faite à l'enchère, au marché le plus voisin, à la diligence de l'administration de l'enregistrement. Le jour de la vente est indiqué par affiche vingt-quatre heures à l'avance, à moins que la modicité de l'objet ne détermine le magistrat à en ordonner la vente sans formalités.

RÉQUISITOIRE POUR MISE EN FOURRIÈRE

Nous, maire de....,

Requérons le sieur...., gardien de la fourrière, de recevoir et nourrir jusqu'à nouvel ordre....., qui ont été trouvés..... sans être réclamés par leur propriétaire.

A....., le.....189 .

Le Maire,

AUTORISATION DE REMETTRE LES OBJETS MIS EN FOURRIÈRE

Le Maire de..... autorise le sieur....., gardien de la fourrière, à remettre au sieur...... porteur du présent,..... envoyé en fourrière le.....; il paiera les frais de fourrière jusqu'à ce jour.

A....., le..... 189 .

REQUÊTE AU JUGE DE PAIX POUR OBTENIR L'AUTORISATION DE FAIRE VENDRE

Le Maire de la commune de..... a l'honneur de faire connaître à M. le Juge de paix qu'en vertu d'un procès-verbal dressé le....., par le garde champêtre, il a été mis en fourrière...... Ces.. ... étant essentiellement périssables, il est urgent d'en ordonner la vente conformément à l'article 40 du décret du 18 juin 1811.

A....., le.....189 .

Le Maire,

Celui qui trouve un animal utile doit en faire la déclaration à l'autorité municipale.

Si le propriétaire de l'animal est connu, il est invité à le reprendre en payant les frais qui peuvent avoir été faits.

Si le propriétaire est inconnu, l'animal est envoyé en fourrière et les frais sont prélevés sur le prix de la vente.

Celui qui trouve un animal abandonné et le garde se rend coupable d'un vol.

Fermeture des débits de boissons.

Un maire ne peut accorder l'autorisation de laisser un débit ouvert si le règlement sur la police des débits de boissons ne lui a pas expressément réservé cette faculté ; il ne peut en outre en user que d'une manière générale et en faveur de tous les débits de la commune.

L'obligation de fermer à l'heure réglementaire s'applique non seulement aux salles affectées aux consommateurs, mais aussi aux autres pièces de l'établissement. (C. C., 17 mai 1862.)

Ainsi, un cabaretier est en contravention lorsque les consommateurs ont été trouvés dans une pièce réservée à son usage personnel. (C. C., 28 avril 1859.)

A moins de disposition expresse contre les consommateurs, les individus trouvés après l'heure dans des lieux publics ne seraient passibles d'aucune peine. (C. C., 1er février 1873.)

Vagabonds et mendiants.

Les gardes champêtres doivent surveiller at-

tentivement les nomades qui sillonnent les campagnes. La plupart de ces individus sont des re-
pris de justice qui pénètrent jusque dans les
fermes isolées et ne reculent, pour arracher des
dons en nature ou en argent, ni devant les me-
naces, ni même parfois devant la violence.

Toute personne qui n'a pas de ressources suf-
fisantes, qui ne peut justifier d'un domicile certain et qui n'exerce habituellement aucun métier
ni profession, est en vagabondage. Ces constatations faites, le vagabond devra être arrêté sans
hésitation pour être conduit devant le procureur
de la République.

Le mendiant n'est arrêté que dans le cas où
il ne peut justifier d'un domicile certain dans le
canton où il est trouvé.

A ce sujet, M. le Ministre de l'intérieur a envoyé à MM. les préfets, à la date du 6 août 1894,
la circulaire suivante :

Monsieur le Préfet,

Des plaintes incessantes me sont adressées au
sujet de l'accroissement du nombre des vagabonds qui circulent à travers notre territoire et qui
ne parviennent le plus souvent à subsister qu'au
moyen de secours en nature ou en argent obtenus
des populations rurales par intimidation.

Plusieurs de vos collègues et un grand nombre
de conseils généraux ont réclamé l'organisation
de mesures sérieuses de défense contre l'envahis-
sement des campagnes par une foule de gens sans
aveu et parfois redoutables.

J'ai à peine besoin de vous rappeler que le gou-
vernement se préoccupe depuis longtemps de cette
délicate question du vagabondage et qu'il recher-
che les moyens propres à améliorer la situation

dont se plaignent, non sans raison, les habitants des campagnes.

Mais, même dans l'état actuel de la législation, il serait possible de parvenir à diminuer sensiblement le nombre des vagabonds, si les intéressés s'appliquaient à prêter à l'autorité tout le concours qu'ils lui doivent. La circulaire ministérielle du 29 juin 1889 vous invitait à faire un appel énergique au zèle et à la vigilance des maires pour signaler la présence des vagabonds et la direction par eux prise quand ceux-ci n'avaient pu être arrêtés sur le territoire de leur commune.

Il importe non seulement de réitérer cet appel, mais encore d'insister auprès des maires de la manière la plus pressante, pour qu'ils engagent tous ceux qui habitent en dehors de l'agglomération chef-lieu à révéler la présence, dans la localité où ils sont fixés, des gens sans aveu, et, d'autre part, pour qu'il soit procédé à leur interrogatoire et, s'il y a lieu, à leur remise entre les mains de la force publique.

Enfin, l'attention de la gendarmerie devra être appelée sur la nécessité d'apporter encore plus de soin que jamais à la surveillance de toutes les voies de communication de leur circonscription, soit au cours des tournées réglementaires, soit lorsqu'elle se déplace pour le service du recrutement.

Dans les circonstances actuelles, cette surveillance doit être d'autant plus étroite que parmi les nomades de toutes catégories qui errent à travers le pays, se dissimulent dés individus dangereux dont il importe d'observer les agissements et les menées anarchistes.

J'ai lieu de penser que le zèle des municipalités, des agents de la force publique et des habitants eux-mêmes amènera promptement la diminution du nombre des vagabonds. L'autorité judiciaire est, d'ailleurs, résolue à coopérer à ce résultat en apportant toute la sévérité possible dans la répression du délit de vagabondage.

Recevez, Monsieur le Préfet, l'assurance de ma considération la plus distinguée.

Le Président du conseil,
Ministre de l'intérieur et des cultes,
Ch. DUPUY.

Devoirs dans les cas urgents.

Lorsqu'un garde champêtre aura connaissance d'un fait pouvant intéresser la tranquillité publique, tel que crime, suicide, inondation, incendie, épidémie, épizootie, etc., il en rendra compte au maire, qui en référera aussitôt aux autorités compétentes.

Précautions à prendre en cas de meurtre.

Faire prévenir immédiatement le procureur de la République par le maire de la commune ; veiller à ce que rien ne soit touché ou dérangé sur le lieu du crime; empêcher que personne ne s'approche de l'endroit où se trouve la victime. Si le crime a été commis dans une maison, rien ne doit être dérangé, même les plus petits objets. Rechercher l'instrument qui a servi à commettre le crime. Si le coupable est présent, le garder à vue jusqu'à l'arrivée du parquet.

Epidémies.

On appelle épidémie une maladie qui attaque beaucoup de personnes à la fois, telle que choléra, variole, croup, rougeole, fièvre typhoïde, etc.

Aussitôt qu'une maladie tend à se généraliser, faire aviser le préfet ou le sous-préfet de l'arrondissement par le maire de la commune.

Autorité du maire sur le garde champêtre.

Bien que le garde champêtre soit nommé par le maire et qu'il soit rétribué sur le budget municipal, il ne s'ensuit pas qu'il doive être l'agent exclusif du maire. Il ne doit pas perdre de vue que le préfet seul a le droit de le révoquer. Dans ses fonctions d'officier de police judiciaire, il ne doit écouter que son devoir et laisser de côté toute considération étrangère.

Les gardes champêtres et la mobilisation.

Les gardes champêtres font partie des fonctionnaires et agents qui, en cas de mobilisation, sont autorisés à ne pas rejoindre immédiatement quand ils n'appartiennent pas à la réserve de l'armée active.

Franchise postale.

La correspondance des gardes champêtres ne peut être expédiée en franchise que sous le contre-seing et le couvert du maire de la commune.

TABLE DES MATIÈRES

Paris et Limoges. Impr. militaire H. CHARLES-LAVAUZELLE.

www.ingramcontent.com/pod-product-compliance
Lightning Source LLC
Chambersburg PA
CBHW071428200326
41520CB00014B/3610